AF268331

LE
FUTUR GOUVERNEUR

DE

LA CORSE

LETTRE

AUX CITOYENS MEMBRES DU GOUVERNEMENT DE LA DÉFENSE
NATIONALE

PAR UN VOLONTAIRE

PRIX ; UN FRANC

AU PROFIT DE LA CAISSE DE SECOURS AUX BLESSÉS

PARIS

IMPRIMERIE BALITOUT, QUESTROY ET Cᵉ

7, RUE BAILLIF ET RUE DE VALOIS, 18

1870

DÉPOSÉ CHEZ LES PRINCIPAUX LIBRAIRES

LE

FUTUR GOUVERNEUR

DE

LA CORSE

I

Au citoyen Arrighi, avocat, docteur en droit, membre du Conseil général de la Corse, rue Richelieu, 43, Paris.

Paris, le 23 novembre 1870.

Citoyen et cher compatriote,

J'ai réfléchi sérieusement cette nuit à ce que vous m'avez fait l'honneur de m'annoncer hier au soir, je veux parler de votre mission en Corse. J'avais bien entendu parler vaguement, il y a quelques jours, de quelque chose de semblable, mais que ne dit-on pas depuis trois mois? — Cependant, après ce que vous avez bien voulu m'affirmer, ce bruit vague et léger, semblable *au petit vent rasant la terre*, de Basile, est bel et bien une réalité. — Je vous en aurais fait sincèrement mon compliment, citoyen et cher compatriote, si j'eusse été certain de votre désintéressement et de votre patriotisme. Mais, franchement parlant, entre-nous, qui nous connaissons de vieille date, croyez-vous être, aujourd'hui, l'homme de la situation en Corse? N'y a-t-il pas plus d'ambition que de patriotisme dans cette mission que vous avez sollicitée? Et, s'il en est ainsi, êtes-vous certain d'aboutir au résultat que le gouvernement attend de vous? — Croyez-vous (permettez-moi de vous dire la vérité sans colère et sans passion), croyez-vous, dis je, après avoir semé la corruption à pleines mains, avoir l'autorité morale nécessaire pour calmer les esprits vivement surexcités en Corse? Croyez-vous avoir le droit d'y apporter des paroles de paix et de conciliation, après y avoir jeté la discorde et ranimé des rancunes qui étaient sur le point de s'éteindre? Je me pose purement et simplement ces questions inspirées par l'ardent désir que j'ai de voir, enfin, notre malheureux pays entrer dans une toute autre voie que celle qu'on lui a fait suivre jusqu'ici. Ces questions je vous les communique, pour vous donner un témoignage de ma franchise. Je vous dirai plus : mon patriotisme est si sincère et si désintéressé, que je me crois autorisé à faire auprès du gouvernement de la défense nationale, une démarche particulière, dans le but de l'éclairer sur la véritable situation de la Corse et des hommes qui aspirent à y exercer leur influence.

Une autre question et je finis : Votre mission venant après celle de M. l'avocat Ordioni, dont vous devez connaître les antécédents, sera-t-elle de nature à inspirer aux populations de l'île le prestige et le respect que mérite et auxquels a certainement droit le gouvernement de la défense nationale? Dans les circonstances graves où se trouve le pays, tous les sentiments et toutes les passions, qui ne sont pas inspirés par le patriotisme le plus pur, doivent se taire et s'effacer. L'union, jointe à la ferme résolution de vaincre et de chasser l'ennemi, doit seule exister en souveraine. C'est dans ces sentiments que je vous écris cette lettre, c'est-à-dire comme patriote et comme compatriote.

Veuillez agréer l'assurance de mes sentiments de fraternité.

N. Tomasini.

II

Aux citoyens membres du Gouvernement de la défense nationale, Paris.

Paris, le 24 novembre 1870.

Citoyens,

Depuis l'avènement de la République, la Corse a été constamment en butte aux attaques les plus violentes et les plus injustes. Je ne veux pas faire ressortir ici tout ce qu'il y a d'inopportun et de peu digne dans ce procédé ; je ne veux même pas parler du brevet d'ignorance que se décerne trop volontiers une certaine presse, en attaquant, ainsi, tout un peuple qui a donné au monde, bien avant la France, la preuve de son libéralisme et de son esprit démocratique. Nos pères ont lutté des siècles pour l'indépendance de notre pays, où les véritables institutions républicaines étaient en vigueur, alors que tout le continent européen était encore plongé dans la féodalité. — Ce fut pendant la dernière période de ces luttes héroïques, que le philosophe de Genève écrivit, dans son *Contrat social*, ces paroles que je cite de mémoire : « *Je ne connais aujour-* » *d'hui en Europe qu'un seul pays qui soit en état de supporter des* » *institutions républicaines : c'est l'île de Corse. Son organisation inté-* » *rieure, les luttes qu'il soutient avec tant de courage pour son indé-* » *pendance, son esprit d'équité et de justice, tout me dit qu'un jour ce* » *petit peuple étonnera l'Europe.* » Voilà qui suffit et au-delà, je pense, pour tranquilliser toutes les consciences, pour calmer toutes les susceptibilités, et pour mettre à néant toutes les calomnies dont on nous abreuve depuis trois mois.

— Mais ce que je désire signaler aujourd'hui au Gouvernement de la défense nationale, ce sont les ambitions mesquines qui surgissent de tous les côtés, et qui, par des procédés peu dignes, finissent par se créer une popularité de bas étage, aux dépens de notre département.

— Je prends la respectueuse liberté de vous faire observer, citoyens, que je remplis ici un devoir sacré, et que cette démarche ne m'est dictée que par le plus profond, le plus sincère et le plus désintéressé patriotisme.

— Déjà, dès les premiers jours de septembre dernier, le Gouvernement de la défense nationale, se laissant surprendre dans sa bonne foi, a confié le commandement du bataillon des montagnards républicains de la Corse à un homme qui a, dit-on, les plus déplorables antécédents. — Si, à toute époque, l'honnêteté, la loyauté, l'honorabilité, le patriotisme et le désintéressement ont été des vertus qui ont honoré ceux qui les ont mises en pratique; en temps de *liberté* et de *démocratie*, elles sont *indispensables* à tous les fonctionnaires, surtout à ceux qui, par leur situation, sont appelés à diriger des masses, ou à leur indiquer les meilleures voies pour aboutir à un résultat avantageux sous le rapport matériel et moral. Une personne placée en *évidence* doit jouir d'une considération *pure* et *sans tache*, de manière à défier l'observation la plus minutieuse. Est-ce le cas du commandant Ordioni? J'en doute. — On dit que le commandant Ordioni était inscrit, en 1863 ou 1864, comme avocat à la Cour, alors impériale, de Paris. Pourquoi ne figure-t-il plus, alors, sur le tableau de l'ordre? On ajoute qu'il a été employé, ensuite, au Mont-de-Piété de Paris, et qu'il a été contraint, bientôt après, de quitter cette administration. — Il ne m'appartient pas d'apprécier ces faits, mais il y a certainement là, quelque chose de grave; et l'homme qui aurait été l'objet de pareilles mesures, ne mérite pas l'honneur d'être placé à la tête d'un bataillon de volontaires Corses. Chez nous, citoyens, l'honneur et la probité ont toujours été l'apanage de nos ancêtres, et il est de notre devoir de nous rendre en tous points dignes d'eux. — Comme patriote, j'ai été donc vivement affligé quand on m'a appris tout cela, et j'ai conclu tout naturellement que l'ex-avocat Ordioni avait évidemment surpris, en cette circonstance, la bonne foi des membres du Gouvernement de la défense nationale. Cependant, comme il ne s'agit ici que d'une mesure purement de l'ordre militaire, le commandant des montagnards Corses peut racheter par son courage et par ses actes, en présence de l'ennemi, tout ce qu'il y a d'équivoque dans ses antécédents. On peut, à la rigueur, fermer alors les yeux sur un fait, qui doit avoir plus ou moins affecté l'opinion publique, chez nous, selon que le commandant Ordioni était plus ou moins connu.

Mais voici qu'à ce fait, déjà regrettable, vient, dit-on, s'en ajouter un autre beaucoup plus grave, et d'une portée politique autrement considérable. Je veux parler de l'envoi en Corse, comme commissaire du Gouvernement, de M. l'avocat Arrighi.

Citoyens membres du Gouvernement de la défense nationale!

La Corse, je l'ai dit en commençant, est au-dessus des clameurs injurieuses et véhémentes d'une certaine presse; mais encore faut-il qu'elle soit traitée, par le Gouvernement, à l'égal des autres départements de la République. Or, il est constant que, pour tous, vous êtes des gens honnêtes, désintéressés et animés du plus sincère patriotisme. Pourquoi alors donner à la Corse le droit de mettre en doute ce qui fait votre force et votre gloire? Et ne voyez-vous pas que vous cesseriez, pour nous, d'être ce que vous êtes réellement, c'est-à-dire, des gouvernants d'une probité justement et généralement reconnue, en faisant à notre pays l'injure d'y envoyer, comme votre représentant, un homme qui y est presque inconnu, et qui n'a affirmé son existence, en Corse, que par un grand scandale électoral?

En se plaçant, du reste, au seul point de vue politique, l'avocat Arrighi serait bien loin d'être l'homme de la situation actuelle. Créature de l'ex-député Gavini, il a été chaudement patronné comme tel, par notre ancien préfet, M. Géry, dont l'administration a été si fatale à la Corse ; et l'on peut dire, sans crainte d'être démenti par personne, que l'avocat Arrighi, malgré son ambition, n'est même pas l'homme d'un parti. Il n'en a été, il n'en est encore que l'*instrument,* et l'*instrument* peu délicat et peu scrupuleux dans le choix des moyens employés pour faire aboutir sa candidature au Conseil général. Au surplus, quel est l'homme qui, jaloux de son honneur et de sa dignité, s'introduirait, sous prétexte de patriotisme, dans les casernes et dans les familles pour y extorquer, furtivement et par surprise, des signatures à des gens qu'il ne connaît pas, dans le but de se créer une auréole de popularité, pour pouvoir capter plus facilement la bienveillance et surprendre la bonne foi des membres du Gouvernement de la défense nationale? Tel est cependant le procédé habituel de M. l'avocat Arrighi ; et si ce procédé, aidé par la corruption, a pu lui réussir sous le régime déchu, il serait profondément regrettable de voir les mêmes manœuvres triompher sous le gouvernement de la République.

Quand on aspire à l'honneur d'être ou le représentant du pouvoir, ou le mandataire de ses concitoyens, l'intrigue, la ruse, la surprise et toute manœuvre corruptrice qui dénature certainement le mandat qu'on sollicite, tout cela est indigne d'un homme qui se respecte, et qui a le vrai sentiment de sa dignité. Mais c'est surtout dans les circonstances graves où se trouve le pays, sous un gouvernement qui, comme l'indique son origine, se consacre entièrement à la défense de la patrie, que de pareils procédés sont de véritables crimes politiques! D'un côté, ils surprennent la bonne foi des gouvernants; de l'autre, ils révoltent la conscience publique et indignent les populations qui attendent, avec anxiété, des paroles de paix et de conciliation, quand on ne peut leur apporter que le levain de la discorde, la haine des partis et l'irritation. Le véritable patriotisme exclut toute idée d'ambition personnelle. Or, quand un homme n'est que l'instrument d'un parti; quand il n'affirme son existence que par la ruse, par l'intrigue, par la corruption, il serait très-mal venu en Corse pour y apporter des paroles de paix et de conciliation.

Notre département sait, par la pénible et douloureuse expérience qu'il en a faite, tout ce qu'on doit attendre des hommes qui ont toujours sacrifié l'intérêt général à leur ambition personnelle. C'est par suite de la mise en pratique de ce système, généralement et puissamment patronné par la plupart de nos administrateurs, principalement par notre avant-dernier préfet, que la Corse en est encore à attendre les bienfaits du gouvernement impérial, auxquels elle avait pourtant des droits incontestables. C'est surtout à cause de ce système que les Corses ont toujours été accusés d'accaparer les faveurs du régime déchu, quand ils n'en avaient même pas les miettes; et si faveurs il y a eu, elles ont été le partage de quelques personnalités, que le pays avait élevées, et dont il n'a reçu en échange que de l'oubli et de l'ingratitude! — Qu'on cesse donc d'accuser la Corse, qui n'en peut mais, elle qui a toujours versé le plus pur de son sang pour la défense de la patrie commune (1), de son indépendance, de la justice! Instruits aujourd'hui par les malheureux préjugés qui pèsent encore, et plus fort que jamais, sur leur département; trompés dans leurs espérances et dans leur bonne foi, les Corses répudient hautement les hommes qui n'ont employé leur crédit, que pour agrandir leur influence personnelle, au détriment de leur propre pays. Ils répudient, aussi, toutes les ambitions qui ne prennent pas leur source dans le patriotisme le plus sincère et le plus désintéressé. Arrière les intrigants et ce qu'on appelle communément, par dérision, les hommes habiles!....

______

(1) La Corse a été toujours prodigue du sang de ses enfants, et jamais elle n'a marchandé son concours pour la défense de la patrie. Il y a quelques semaines, *l'Opinion nationale*, en déplorant les attaques dont notre pays était l'objet, disait que la Corse comptait 25,000 de ses enfants sous les drapeaux. *L'Opinion nationale* disait **vrai**, et je la remercie publiquement ici de cet acte de justice. Comme preuve à l'appui, j'ajoute ceci : Mon village, qui compte à peine 320 à 350 habitants, fournit *aujourd'hui* à l'armée active, sans compter la mobile, 20 de ses enfants, ce qui donnerait proportionnellement, pour toute la République française, un contingent de 2,300,000 soldats. L'autre jour encore, six de nos compatriotes étaient signalés à la reconnaissance publique, parmi les défenseurs de Paris. — Honneur donc à la Corse !

N. TOMASINI.

Place aux honnêtes gens, aux vrais patriotes, aux hommes vertueux qui jouissent, à juste titre, de l'estime et de la considération de leurs concitoyens ! La magistrature et l'administration, les carrières libérales et la carrière militaire renferment en Corse des pépinières d'hommes honorables que leurs mérites et leurs éminentes qualités désignent tout naturellement à l'opinion publique. Qu'on les prenne, et ce qu'ils ne font pas, ce qu'ils n'ont jamais fait par ambition personnelle, ils le feront par patriotisme, en consacrant leur intelligence et leurs facultés *rien qu'à la chose publique*. Mais qu'on mette de côté, une bonne fois, les parasites, les intrigants, les ambitieux et les incapables ! Ce n'est qu'à cette seule condition, que pourra s'accomplir la régénération et le salut communs.

Cette lettre, déjà trop longue, ne peut trouver son excuse que dans le motif qui l'a dictée. Ce motif, le voici : aujourd'hui, selon moi, chaque citoyen a *deux devoirs impérieux* à remplir : le premier, est de *s'armer*, abstraction faite de toute considération de famille, pour la défense de la patrie en péril ; le second, est de *démasquer les intrigues et les manœuvres* qui tendent à subordonner l'intérêt général à l'ambition personnelle. Le premier devoir, citoyens, je l'ai accompli. J'accomplis aujourd'hui le second. — Que tout homme en fasse autant dans la mesure de ses forces et de ses moyens, et le sol sacré de la patrie sera purgé, en même temps, et de l'étranger qui l'infeste et des coquins qui l'exploitent !

Salut et fraternité,

N. TOMASINI,
Volontaire à la 4e compagnie de marche du 70e bataillon
de la garde nationale sédentaire.

III

Maintenant que je crois avoir rempli un devoir de bon citoyen, je dois à mes compatriotes un mot d'explication. Après ce qu'on vient de lire, on peut, avec raison, me demander ce que j'allais faire, le soir du 22 novembre, chez M. Arrighi. Il m'en coûte d'entrer dans des détails tout à fait étrangers à la question que j'ai traitée ici ; mais je ne puis échapper, je le vois, maintenant, aux interprétations, plus ou moins équivoques, je ne dirai pas des gens probes et de bonne foi, mais de ces gens finauds et habiles qui, habitués à toujours marcher par des chemins dérobés, ne peuvent pas comprendre qu'un homme honnête et loyal puisse marcher, franchement et la tête haute, sur la grande route. — Déjà des indices de ces dispositions malveillantes sont parvenus jusqu'à moi. — Mettant donc de côté un scrupule qui est peut-être timide de ma part, je n'hésite pas à faire connaître le but de cette visite. Toutefois, je regrette que cette explication vienne ajouter encore au dossier, déjà si chargé, de M. l'avocat Arrighi; mais il est de mon devoir de ne pas laisser dénaturer, même par la pensée, les intentions les plus louables, et d'effacer, en même temps, toute espèce d'équivoque, qui pourrait s'élever sur le mobile de la démarche que je viens de faire. Enfin, telle qu'elle est, cette explication, la voici :

Par un acte sous-seing privé, en date du 3 mars dernier, feu M. le comte de Grandeffe, MM. Lerat, Pennaforte et moi, avions jeté les bases d'une société civile d'études, ayant pour objet la préparation et la constitution d'une grande société anonyme à un capital suffisant pour établir et développer en Corse une grande compagnie, à l'instar de celles anglaises, de Madère, de Marsala et du Douro, dans le but d'exploiter et de bien fabriquer, sur une grande échelle, les vins et autres produits de l'île. — Cette société civile d'études, dont les débuts ont été entravés par des obstacles considéés presque insurmontables, se constitua, après bien des démarches, au capital de 50,000 fr. divisé en 100 actions de 500 fr. payables par quart, pour n'écarter, autant que possible, aucun concours, si modeste qu'il fût; et établit son siége provisoire rue de la Victoire n° 70 bis. — Feu M. le comte de Grandeffe avait consacré à ces travaux préparatoires, le fruit de ses connaissances spéciales et de sa longue expérience. Il était, en même temps que le principal organisateur, l'âme de cette société d'études. — C'est lui qui avait rédigé l'exposé des motifs, le rapport sur la Corse, les statuts de la grande société, et avait, pour ainsi dire, préparé et aplani les voies et moyens pour former le capital nécessaire à une si grande exploitation. La mort nous l'a enlevé au moment même où ses travaux persévérants allaient être couronnés de succès; mais si ses conseils et son précieux concours nous sont ravis, son nom et sa mémoire n'en resteront pas moins attachés à la réussite de cette grande entreprise.

M. le comte de Grandeffe n'avait étudié la Corse que sur des documents officiels et privés, mais on peut dire qu'il la connaissait dans tous ses détails, et il s'était pris à aimer ce peuple fier, aux sentiments ardents et généreux. En présence de la richesse et de la fécondité de notre sol ; en présence de notre climat si doux et des admirables expositions de nos coteaux, une seule chose l'étonnait : l'abandon dans lequel nous avait laissé le continent. Pendant que tout prospérait autour de nous, notre île restait stationnaire, et ne prenait aucune part au mouvement industriel et commercial qui se développait si rapidement de tous côtés. — M. le comte de Grandeffe s'était donc promis de faire participer notre pays aux bienfaits du progrès agricole. — La mort ne lui a pas donné cette satisfaction, mais la semence qu'il a jeté en terre portera, je l'espère, ses fruits, et je suis heureux, en attendant mieux, de témoigner ici, comme Corse, ma profonde reconnaissance à cet homme de bien. — M. Lerat, qui est le promoteur et, si je puis m'exprimer ainsi, le père de l'idée, *l'auteur du projet*, en un mot, a apporté, dans cette association, les études de toute sa vie. L'idée de créer une grande compagnie agricole et commerciale en Corse, a été le but constant de tous ses travaux, et il y a consacré une partie de son existence ainsi que toutes ses ressources. Non-seulement il a fait, à ce sujet, plusieurs voyages en Corse, dont il a parcouru et étudié le sol en tous sens ; mais il a encore entrepris, à ses frais, des voyages en Espagne, à Madère, en Sicile et en Chypre, pour étudier, sur place, la fabrication des grands vins de ces contrées et faire des analyses comparatives, d'où il est résulté que la Corse est apte à une foule de cultures, qui peuvent la placer au premier rang des pays producteurs. Nos vins surtout, bien faits, peuvent soutenir la comparaison avec les crûs les plus renommés ; et ce qu'il y a de prodigieux, ce qui est vraiment un don de la nature particulier à notre île, que M. Lerat appelle l'*Ile de tous les climats*, c'est qu'en Corse, à l'exception des autres contrées où il n'existe qu'une seule qualité de vin, presque toutes les variétés de raisin y mûrissent, s'y développent et peuvent atteindre, comme produit, à des résultats extraordinaires.

C'est donc avec les documents fournis par M. Lerat, que feu M. le comte de Grandeffe avait élaboré le projet qui doit aboutir à la formation d'une grande société. Deux choses étaient indispensables pour la mise à exécution de ce projet : le concours des capitalistes et des principaux négociants, et l'adhésion de nos compatriotes.— Feu M. le comte de Grandeffe, qui avait pris part, dans sa longue carrière, à la formation de plusieurs grandes entreprises industrielles, et notamment à la création de la Compagnie du chemin de fer de Paris à Lyon, où il était, naguère encore, un des administrateurs, nous avait assuré le concours de capitalistes sérieux. — M. Lerat, de son côté, s'était ménagé le bon accueil de plusieurs

grandes maisons. Il ne restait plus que l'adhésion du pays. Or, qui
.e croirait? cette adhésion, qui aurait dû être naturelle et spon-
tanée de la part de nos compatriotes, je veux dire de ceux qui
marchaient à la tête du pays (je vais scandaliser ici les président,
vice-présidents et autres membres de notre conseil d'administration, mais n'importe : *Amicus Plato sed magis amica veritas*), cette
adhésion, dis-je, fut lente, laborieuse et entravée par des objections
que je ne veux pas énumérer. Enfin, après bien des démarches et
des tâtonnements, la société d'études fut constituée, le conseil
d'administration nommé. Une commission, composée de quatre
membres, fut ensuite désignée pour aller en Corse s'entendre avec
les propriétaires de vignobles, et passer avec eux des contrats avantageux soit au pays, soit à la future exploitation. Cette commission,
partie vers la fin du mois d'avril, fut accueillie en Corse comme
une véritable providence.

La Corse, écrivait alors M. Lerat à un de ses amis, *se lève comme
un seul homme pour l'avenir de son agriculture et de son commerce.*
Le pays ne donnait-il pas par là une bonne leçon aux têtes de co-
lonne qui se trouvaient à Paris? L'hésitation de ces derniers ou la
non-participation de plusieurs d'entre eux, à un projet qui doit
avoir les plus heureuses conséquences pour notre département,
avait vivement mécontenté les esprits, mais n'arrêta nullement la
décision des petits propriétaires qui souscrivirent, avec élan, à toutes
les conditions imposées par la commission. Ces conditions, du reste,
je viens de le dire, étaient avantageuses pour tout le monde : le pays
tout entier y gagnait en valeur territoriale, une plus-value de cent
pour cent; le propriétaire augmentait, par la même raison, sa richesse particulière, perfectionnait ses cultures et améliorait ses
produits en les doublant; et la société y trouvait, à côté d'une con-
fiance et d'une sécurité absolues, des bénéfices largement rémuné-
rateurs. Dans l'espace de quatre mois, les délégués de la société
d'études avaient parcouru toute la Corse et avaient passé plus de
1,500 contrats particuliers, par lesquels les propriétaires de vignobles s'engageaient à assurer à la future société, pendant dix ans au
minimum, et vingt ans au maximum, la quantité de raisin nécessaire pour obtenir chaque année *au moins* une moyenne de 40 à
50 mille hectolitres de vin. C'était un beau résultat, auquel on n'a-
vait pas osé espérer, capable de décider les plus incrédules et les
plus prudents.

Mais, me dira-t-on, quel rapport y a t-il entre cette société et la
visite à M. Arrighi? Patience, chers compatriotes. Ce préambule
est un peu long, je l'avoue, mais il était nécessaire pour dégager

la vérité. Je vous ai promis une explication franche et loyale,
_a voici :

M. Antonio Arrighi, avocat, docteur en droit, membre du conseil
général de la Corse pour le canton d'Omessa, ou pour mieux dire,
et comme quelques familliers l'appellent déjà, *le futur gouverneur
de la Corse*, s'était tenu prudemment à l'écart jusqu'au mois de
juillet. En homme habile, notre honorable compatriote ne donne
rien au hasard. Comme un pêcheur prudent et adroit, il ne lâche
son filet que quand il est sûr de faire une pêche abondante. Ainsi,
quand il a vu que les opérations de la future société pouvaient
devenir sérieuses et que les hommes appelés à l'organisation de la
grande compagnie projetée seraient peut-être appelés à exercer en
Corse une certaine influence, il s'est empressé de donner son adhésion et son concours.

On voit, par là, que le futur gouverneur de la Corse sait assez
bien combiner son patriotisme avec ses intérêts et son ambition.
Sous le patronage et sur la présentation de M. Gavini, l'avocat
Arrighi souscrit donc pour quatre actions, et assiste deux fois, en
qualité d'actionnaire (toujours à côté de M. Gavini, qu'il ne quitte pas
plus que son ombre depuis son élection au Conseil général), aux
séances du conseil d'administration de la société d'études. Pendant
ces entrefaites, la guerre se déclare, et les événements se précipi-
tent avec une rapidité extraordinaire. Dans l'impossibilité de faire
appel à un capital sérieux pendant la pénible et douloureuse période
que nous traversons, le conseil, en attendant des jours de calme et
de paix, arrête ses dépenses et ses recettes jusqu'au 31 décembre
1870, sans faire appel au second versement. Les recettes se compo-
saient uniquement du montant du premier quart des actions sous-
crites ; les dépenses comprenaient les frais d'impression, ceux occa-
sionnés par le voyage de la commission en Corse, la location du
bureau, le traitement du secrétaire et une indemnité de 150 fr.
par mois allouée à M. Lerat qui, comme auteur du projet, devait
se tenir constamment à la disposition du conseil. La situation ainsi
réglée, on se sépare pour ne plus se préoccuper que des évènements
actuels. — Dans cette lutte suprême de la patrie, j'ai négligé toutes
les relations entretenues par des considérations sociales. Exclusi-
vement occupé de mon double service de bureau et de garde natio-
nal, je ne puis même pas donner à ma famille tous les soins qu'elle
réclame. Quelques amis viennent seulement de temps en temps me
serrer la main, et m'apporter les rares nouvelles de la rue. Mais
tout ce qui n'a pas rapport à la sanglante épopée que nous traversons, me trouve indifférent et presque froid. — Cependant, le 16 no-

vembre, je reçois la lettre suivante : « *Cher ami, venez le plus tôt* » *que vous pourrez, je vous prie; ma femme, alitée depuis plusieurs* » *jours, se trouve à toute extrémité et désire vous voir. Bien à vous.* » *Signé: Lerat.*» Je prends à peine le temps de manger un morceau, et je cours. J'arrive chez M. Lerat, qui me tend silencieusement la main. Sa figure, décomposée par de longues et pénibles veillées, me serre le cœur. A côté de lui, sur un lit de douleur, se trouvait sa femme, dont la voix presque éteinte annonçait la dernière période d'un consomption lente qui devait la conduire au tombeau ! Je passe rapidement sur cette pénible entrevue. Je prends congé de la moribonde, tout en laissant tomber quelques paroles de consolation. M. Lerat m'accompagne jusque sur le palier. Il me raconte, en sanglotant, qu'il a épuisé toutes ses ressources, et qu'il n'a pas touché, depuis deux mois, l'indemnité qui lui avait été allouée par la société. Il m'est pénible, dit-il, de ne pouvoir contenter les désirs de ma femme, qui ignore encore la position dans laquelle je me trouve, et à qui, selon les prescriptions du médecin, je puis donner tout ce qu'elle demande. Voyez, cher ami, ajouta-t-il, si vous pouvez me faire rentrer dans cet arriéré, afin de m'épargner le remords d'avoir refusé quelque chose à la martyre qui s'en va ! J'étais atterré de cette douleur et de cette poignante situation ! Je me rends immédiatement chez M. le docteur Mattei, qui avait été chargé, en qualité d'un des vice-présidents de notre conseil, de surveiller, avec le secrétaire, les intérêts de la société, jusqu'au jour de la prochaine réunion des actionnaires. M. Mattei me donne des détails qu'il n'est pas opportun d'exposer ici ; il ajoute que deux ou trois actionnaires n'ont pas fait leur premier versement, et qu'il verra dès le lendemain s'il y a possibilité de faire payer ce qui est dû à M. Lerat. Je sors à moitié satisfait de ma course. Quelques jours après, c'est-à-dire le 22 novembre, je retourne chez le docteur Mattei, où j'apprends qu'un faible à-compte seulement avait pu être donné à M. Lerat. Je demande alors les noms des trois sociétaires qui n'ont pas, au mépris de leurs engagements, versé leur premier quart. De ces trois sociétaires, me répond M. Mattei, deux, je crois, ne sont pas à Paris. Quant au troisième, si vous voulez aller le voir, c'est M. l'avocat Arrighi, que vous devez connaître, qui vient d'être nommé commissaire du gouvernement en Corse, et qui s'empressera, j'espère, de faire le premier versement de sa souscription avant son départ.

— De la rue Thérèse à la rue Richelieu le trajet n'est pas long. L'espoir que j'avais d'apporter quelque soulagement à la douloureuse situation de M. Lerat, me fit surmonter la répugnance que

m'inspirait cette visite, et je me fis annoncer chez M. Arrighi, qui
me reçut très-poliment, je dois l'avouer. J'exposai, en peu de mots,
le but de ma visite et le motif qui m'avait engagé à faire une pa-
reille démarche. M. l'avocat Arrighi se retrancha derrière la gra-
vité des circonstances et la difficulté qu'il y avait à réaliser, en ce
moment, des valeurs. Il regrettait la situatiou de M. Lerat, mais il
n'y pouvait porter remède, quant à présent ; que, du reste, il avait
fait ses réserves avec M. Gavini, et qu'avant de faire définitivement
son versement, il aurait été bien aise de voir la tournure que pren-
draient les affaires de la société. — Comme on le voit, la guerre
avait modifié, sous ce rapport, les idées de M. l'avocat Arrighi,
qui voulut bien m'apprendre, *non sans une certaine ironie*, tout
en me faisant l'honneur de m'accompagner jusqu'à la porte de
ses appartements, qu'il avait été nommé *commissaire extraordinaire
en Corse avec pleins pouvoirs*, et qu'il serait déjà parti en ballon, s'il
n'avait été retenu par la *crainte* que lui inspirent les procédés
sommaires des Prussiens à l'égard des voyageurs aériens.

— Ce dernier trait fait connaître, à un point de vue nouveau,
jusqu'où peut aller la prudence de M. l'avocat Arrighi.

IV

Trois jours après cette visite le concierge me remit la lettre suivante : « Ami, mon épouse dévouée est morte ce matin à une heure
» après minuit. A demain son humble convoi ! Onze heures et demie,
» vendredi, 25, à la maison mortuaire, à vous, P. Lerat. » « *P. S.* Je
» compte sur votre obligeance pour annoncer aux autres, plus
» tard, la triste nouvelle. Je ne demande aujourd'hui, selon le
» désir de la morte, que vous et Pennaforte derrière son cercueil !
» P. L. »

Le vendredi, 25 novembre, à midi, un modeste convoi, parti du
nº 33 de la rue Grégoire-de-Tours, se dirige du côté de l'église
Saint-Sulpice, d'où, après les prières des pauvres, il se rend au
cimetière Montparnasse. C'est la dépouille mortelle de madame
Lerat, que quelques amis accompagnent avec recueillement à sa
dernière demeure. — Sur le bord de la tombe, encore entr'ou-
verte, M. Colfavru, commandant du 85ᵉ bataillon de la garde nationale a prononcé quelques paroles empreintes des sentiments les

plus nobles et les plus élevés. Il a voulu honorer la mémoire de la
défunte en rendant un hommage mérité au caractère et aux qualités de M. Lerat. On sentait que les paroles, simples et naturelles, de
M. Colfavru partaient du cœur et étaient l'expression sincère d'un
profond sentiment d'estime qui a ému tous les assistants, peu nom-
breux, mais sympathiques.

V

CONCLUSION.

Je crois avoir prouvé maintenant la légitimité de ma visite à
M. Arrighi, pour que la vérité ne puisse plus être révoquée en doute.
J'ai mis sous les yeux de nos compatriotes toutes les pièces de ce
procès ; à eux de juger si, oui ou non, je suis dans le vrai.

Dans un but de moralité publique, j'ai cru devoir soulever un
coin de toutes les turpitudes que j'ai remarquées. Au moment même
où j'écris ces lignes, on vient encore me raconter que, profitant pro-
bablement des graves événements dans lesquels se trouve le pays,
MM. Arrighi, Jean de la Rocca, Tommasi et consorts, naguère
encore adversaires jurés et irréconciliables, se sont donné le baiser
Lamourette sous les arcades du Palais-Royal. Compatriotes, prenez
garde à vous! J'admire cette grandeur d'âme et cet oubli des injures,
mais j'avoue humblement que je suis incapable de tant d'abnégation.
J'aime mieux le rôle que je me suis donné dans cette circonstance.
Au milieu de l'abaissement général des caractères, au milieu de
cette prostitution physique et morale, il est bon qu'une voix s'élève,
avec indignation, pour signaler au mépris public les défaillances dont
on a été témoin. Le vrai patriotisme ne saurait s'affirmer qu'en
disant la vérité, en stigmatisant toutes les bassesses qui nous font
dévier du chemin de l'honneur et du devoir, en dehors duquel
n'y a plus ni société ni famille.

N. TOMASINI.

29 novembre 1870.